Haugtussa

Op.67

By

Edvard Grieg

For Voice and Piano

1895

Copyright © 2011 Read Books Ltd.
This book is copyright and may not be
reproduced or copied in any way without
the express permission of the publisher in writing

British Library Cataloguing-in-Publication Data
A catalogue record for this book is available from
the British Library

Af „Haugtussa."
Det syng. Det␣␣Det synger.

(Original: F♯ mol.)

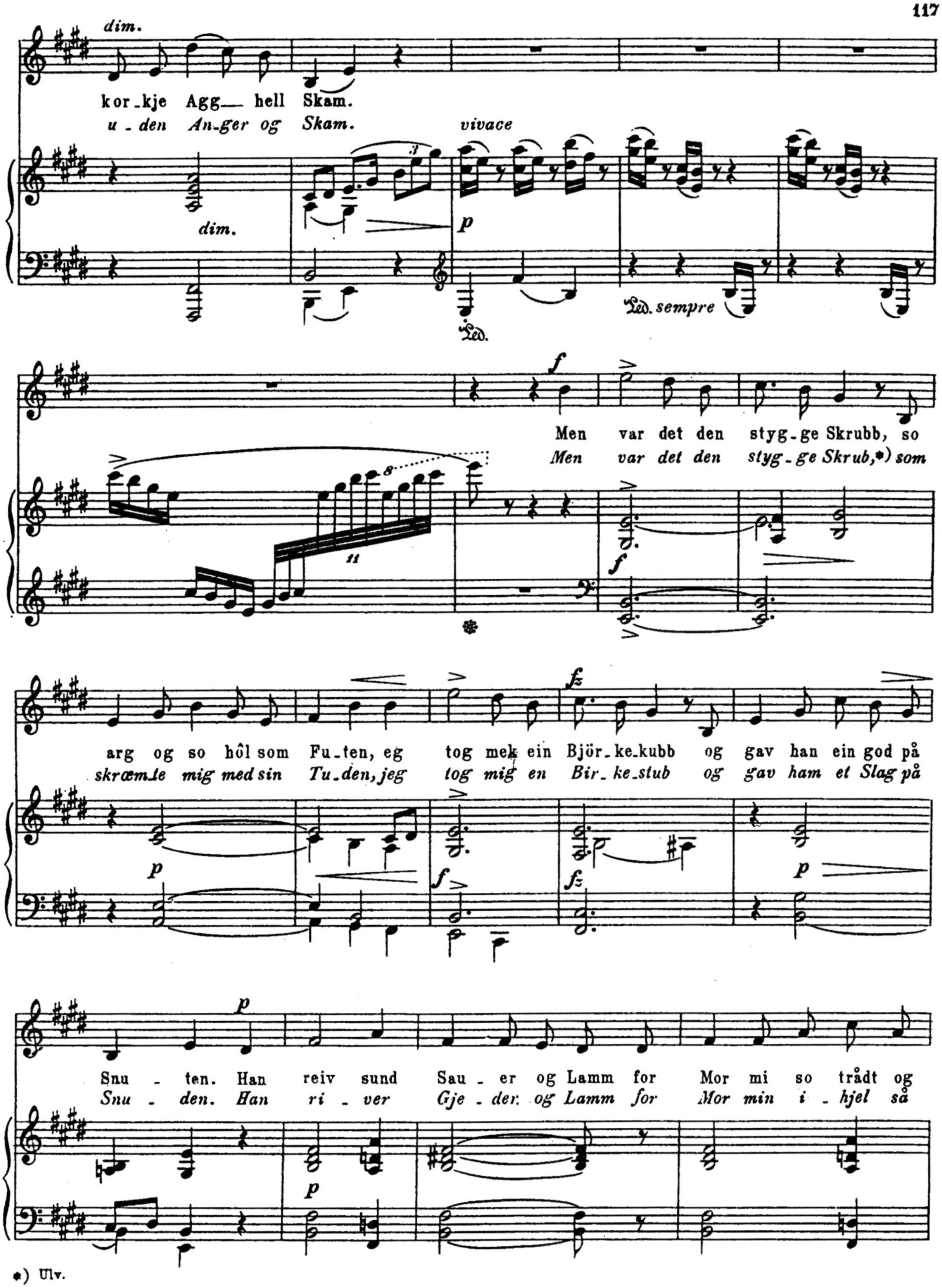
dim.
kor - kje Agg hell Skam.
u - den An - ger og Skam.
vivace
dim.
p
Ped. sempre
Ped.
f
Men var det den styg - ge Skrubb, so
Men var det den styg - ge Skrub, *) som
f
arg og so hôl som Fu - ten, eg tog mek ein Björ - ke - kubb og gav han ein god på
skræmte mig med sin Tu - den, jeg tog mig en Bir - ke - stub og gav ham et Slag på
p
f
fz
p
Snu - ten. Han reiv sund Sau - er og Lamm for Mor mi so trådt og
Snu - den. Han ri - ver Gje - der og Lamm for Mor min i - hjel så

*) Ulv.

*) Bjeldekoen.

Møte.
Mødc.

*) Fjeldtinden.

Elsk.

Elskov.

batt meg, so Ban-di bren-de! A gjev du drog meg so fast til deg, at hei-le
bandt mig, så Bandet brænder! O, gid du drog mig så fast til dig, at hels

Ver-di kom burt for meg! Ja kund' eg trol-la og kund' eg hek-sa, eg vil-de
Verden forgik for mig! Ja, var jeg Hex og at trylle vidste, jeg vilde

pp sempre

inn i den Gu-ten vek-sa, eg vil-de vek-sa meg i deg inn og ve-ra
ind i hans Hu mig li-ste, jeg vilde li-ste mig i ham ind, og bli-ve

L'istesso tempo. ♩=♩

ber-re hos Gu-ten min. Å du, som bur meg i Hjar-ta
al-tid hos Gutten min! O du, som bor i mit Hjerte

pp

Killingdans.

Kiddenes Dans.

(Original: G-dur.)

129

og det er Kjæ-te og Lur-ve-læ-te ein Sol-skins-dag.
og der er Löi-er af man-gen Sköi-er den Sol-skins-dag.

Å nupp i Nak-ken, og stup i Bak-ken og
A nupp i Nak-ken, og stup i Bak-ken og

tipp på Tå; å rekk i Rin-gen og svip i Svin-gen og hopp-i-hå.
tipp på Tå; å ræk i Rin-gen og svip i Svin-gen og hopp-i-hå.

Vond Dag.
Ond Dag.

Ved Gjætle=Bekken.

Ved Gjætle=Bakken.

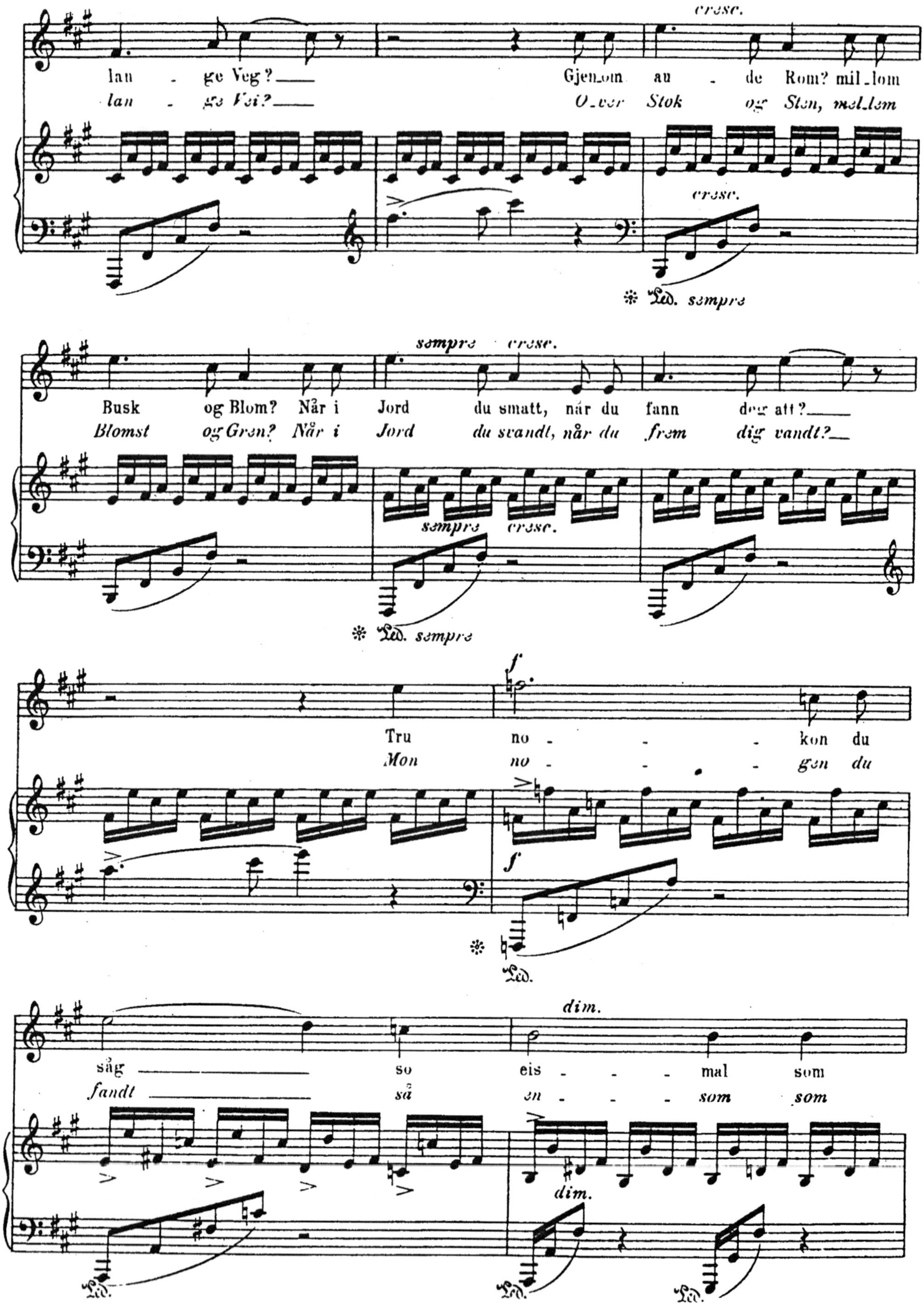
cresc.
lan - ge Veg? Gjen_om au - de Rom? mil_lom
lan - ge Vei? O_ver Stok og Sten, mel_lem
cresc.
Ped. sempre
sempre cresc.
Busk og Blom? Når i Jord du smatt, når du fann deg att?
Blomst og Gren? Når i Jord du svandt, når du frem dig vandt?
sempre cresc.
Ped. sempre
f
Tru no - - - kon du
Mon no - - - gen du
f
Ped.
dim.
såg so eis - - - mal som
fandt så en - - - som som
dim.
Ped.
Ped.
Ped.

141

(Arne Garborg.)

Ped. al Fine.

CPSIA information can be obtained at www.ICGtesting.com
Printed in the USA
BVOW05s1608021213

337918BV00018B/1187/P